ME ENCANTA AYUDAR
I LOVE TO HELP

Shelley Admont
Ilustrado por Sonal Goyal y Sumit Sakhuja

www.kidkiddos.com

Copyright©2016 by S. A. Publishing ©2017 by KidKiddos Books Ltd.

support@kidkiddos.com

All rights reserved. No part of this book may be reproduced in any form or by any electronic or mechanical means, including information storage and retrieval systems, without written permission from the publisher or author, except in the case of a reviewer, who may quote brief passages embodied in critical articles or in a review.

Todos los derechos reservados. Ninguna parte de este libro se puede utilizar o reproducir de cualquier forma sin el permiso escrito y firmado de la autora, excepto en el caso de citas breves incluidas en reseñas o artículos críticos.

Second edition, 2019

Translated from Englsih by Laia Herrera Guardiola
Traducción del inglés de Laia Herrera Guardiola

Library and Archives Canada Cataloguing in Publication
I Love to Help (Spanish English Bilingual Edition)/ Shelley Admont
ISBN: 978-1-5259-1774-5 paperback
ISBN: 978-1-77268-921-1 hardcover
ISBN: 978-1-77268-919-8 eBook

Please note that the English and Spanish versions of the story have been written to be as close as possible. However, in some cases they differ in order to accommodate nuances and fluidity of each language.

Para aquellos que más quiero-S.A.
For those I love the most-S.A.

Jimmy brincó alrededor del coche emocionado.
— ¡Vamos a la playa!—gritó contento.
— ¡Vamos a la playa!

Jimmy bounced around the car in excitement. "We're going to the beach!" he shouted happily. "We're going to the beach!"

Papá se rio mientras abría el maletero del coche.
— ¡Eso es!—dijo. —Hace un sol fantástico y queremos ponernos en marcha pronto.

Dad laughed as he opened the trunk of the car. "That's right!" he said. "It's a lovely sunny day and we want to get going quickly."

— ¿Por qué no nos ayudas a llevar las cosas que necesitamos al coche? Tus hermanos ya están ayudando.

"Why don't you help us carry the things we need to the car? Your brothers are helping already."

Jimmy paró de brincar y miró hacia la puerta principal de su casa.

Jimmy stopped bouncing and looked towards the front door of their house.

Los dos hermanos de Jimmy estaban ayudando a llevar cosas al coche.

Jimmy's two brothers were helping carry things to the car.

El hermano mayor tenía cubos de colores y palas en sus manos , mientras el hermano mediano estaba llevando la cesta de pícnic.

The oldest brother had colorful buckets and spades in his hands, and the middle brother was carrying the picnic basket.

— ¡Vamos Jimmy!—gritó mamá desde la entrada.
—Tú puedes llevar la bolsa de las toallas o esta pequeña silla de playa. No será duro.

"Come, Jimmy!" Mom called from the doorway. "You can carry the bag of towels or this small beach chair. It won't be very hard."

Jimmy miró las toallas y la silla.
— ¡No, gracias!—dijo con una sonrisa. — ¡Estoy muy ocupado SALTANDO!

Jimmy looked at the towels and chair. "No, thank you!" he said with a grin. "I'm too busy JUMPING!"

El bosque en el que vivían no estaba muy lejos de la playa y Jimmy se retorció de emoción todo el camino.

The forest where they lived was not too far from the beach and Jimmy wriggled with excitement the whole way.

Cuando vio la arena dorada de la playa y el agua azul y brillante del mar, empezó a saltar en su asiento.

When he saw the golden sands of the beach and the sparkling blue water of the sea, he started jumping in his seat.

—Muy bien, aquí estamos—dijo Papá. —¡Salgamos y disfrutemos el día!

"Alright, we are here," said Dad. "Let's get out and enjoy the day!"

Jimmy salió del coche. —¡Esto es genial!— exclamó y corrió hacia el agua.

Jimmy got out of the car. "This is amazing," he exclaimed and ran down towards the water.

— ¡Espera! — gritó Mamá detrás de él. —Tienes que ayudarnos a sacarlo todo del coche.

"Wait!" Mom called after him. "You've got to help us to take everything out of the car."

Jimmy se giró, diciendo adiós con la mano a su familia. — ¡No, gracias! — dijo. — ¡Tengo que construir un CASTILLO DE ARENA GIGANTE!

Jimmy turned around, waving at his family. "No, thank you!" he said. "I've got to build a GIANT SANDCASTLE!"

Corrió hacia un puesto perfecto en la playa, justo al lado del mar, y empezó a juntar arena con las manos.

He ran to a perfect spot on the beach, right next to the sea, and started to scoop sand into his hands.

Jimmy estaba tan ocupado pasándoselo bien que no se dio cuenta que su familia iba y venía del coche, llevando objetos a la playa.

Jimmy was so busy having fun that he didn't notice his family going to and from the car, carrying objects down to the beach.

Mientras tanto, el castillo se hizo más y más grande.
Meanwhile, the sandcastle grew bigger and bigger.

Jimmy usó cubos para construir torres, hizo una gran muralla de arena que las unía, incluso empezó a cavar un foso alrededor para mantener el castillo a salvo.
Jimmy used the buckets to build towers, made a great wall of sand joining them and even started digging a moat around the outside to keep the castle safe.

— ¡Mi castillo va a ser tan grande que un Rey y una Reina van a querer mudarse!—dijo Jimmy imaginando pequeños caballeros y criados corriendo por el interior.
"My castle is going to be so big, a King and Queen are going to want to move in!" Jimmy said, imagining tiny knights and servants running around inside.

Mientras Jimmy estaba trabajando en su castillo, sus hermanos mayores iban a la caza de la concha más grande que pudieran encontrar.

While Jimmy was working on his castle, his older brothers were hunting for the biggest shell they could find.

Papá se fue a nadar al mar, mirando los peces con su snorkel y Mamá yacía en una toalla más arriba de la orilla.

Dad went swimming in the sea, looking at the fish with his snorkel, and Mom lay on a towel further up the beach.

Jimmy estaba tan concentrado en su castillo que realmente no se dio cuenta de lo que hacía el resto de su familia hasta…

Jimmy was so focused on his castle that he didn't really notice what the rest of his family were doing until…

— ¡Cuidado!—Jimmy oyó a su padre gritar.

"Watch out!" Jimmy heard his dad shout.

Levantó la vista justo a tiempo para ver que ¡una ola gigante se alzaba a su lado en el mar!

He looked up just in time to see a giant wave rising up beside him from the sea!

— ¡Oh no!—exclamó Jimmy mientras la ola se desplomaba encima de él. Cuando el agua se apartó, Jimmy yacía de espaldas y trataba de recuperar el aliento.

"Oh no!" cried Jimmy as the wave crashed down on top of him. When the water pulled away, Jimmy lay on his back and tried to catch his breath.

— ¡Qué asco!— Jimmy escupió agua salada y sacó algas detrás de sus orejas.

"Yuck!" Jimmy spat out salty water and pulled seaweed from behind his ears.

Luego alzó la vista para ver qué le había sucedido a su castillo.

Then he looked up to see what had happened to his castle.

— ¡Nooooooo! exclamó. Sus paredes y el foso no habían hecho nada para protegerlo. Estaba completamente destruido.

"Noooo!" he cried. His walls and moat had done nothing to protect it. It was completely destroyed!

Jimmy sintió lágrimas calientes en su cara mientras miraba las ruinas del castillo.

Jimmy felt hot tears on his face as he looked at the ruined castle.

Mamá se arrodilló delante de él y le dio un abrazo. Toda su familia había dejado lo que estaba haciendo y se reunió a su lado.

Mom knelt down beside him and gave him a hug. All his family had stopped what they were doing and gathered around him.

—Siento lo de tu castillo — dijo Papá.
"I'm sorry about your castle," Dad said.

—Síííííííí, se veía fenomenal — dijo el hermano mayor.
"Yeah, it looked really cool," said the oldest brother.

—Y grande— estuvo de acuerdo el hermano mediano.
"And big," agreed the middle brother.

Mama sonrió.
—No te preocupes, Jimmy. Te ayudaremos a construir uno nuevo.
Mom smiled. "Don't worry, Jimmy. We'll help you build a new one."

— ¿Lo haréis?— preguntó Jimmy.
"You will?" Jimmy asked.

— ¡Sí!—su familia rio y todos ellos se dedicaron a la construcción del castillo de arena nuevo.
"Yes!" His family laughed and they all set about building the sandcastle again.

Algo era diferente esta vez. Jimmy se dio cuenta que con su familia ayudándolo, el castillo era más grande y más bonito que antes.

Something was different this time. Jimmy realized that with his family helping him, the castle was bigger and more beautiful than before.

¡Cuando hubieron acabado, era el castillo de arena más grande que Jimmy había visto!

By the time they were finished, it was the biggest sandcastle Jimmy had ever seen!

— ¡Mira!—el hermano mayor señaló el interior. Dos cangrejos se habían establecido en el centro del castillo. — ¡Incluso tiene un Rey y una Reina!

"Look!" the oldest brother pointed inside. Two crabs had settled down in the center of the castle. "It even has a King and Queen!"

Jimmy brincó hacia arriba y abajo. — ¡Es el mejor castillo de arena de todos los tiempos!

Jimmy bounced up and down. "This is the best sandcastle ever!"

Cuando llegó la hora de marchar, la familia comenzó a recoger las cosas y llevarlas aal coche.

When it was time to go, the family began taking things back into the car.

Jimmy sonrió.
— ¿Puedo ayudaros?—preguntó.

Jimmy grinned. "May I help you?" he asked.

Llevó las toallas al coche y luego volvió corriendo para ayudar a llevar los cubos y las palas también.

He took the towels to the car and then ran back to help carry the buckets and spades too.

—Oh, hemos recogido todo muy rápido—, dijo Papá cuando hubieron acabado, mirando a la playa vacía.

"Wow, we packed that really quickly," Dad said when they were done, looking at the empty beach.

Incluso cuando volvieron a casa, Jimmy continuó ayudando, llevando de vuelta a casa las sillas de la playa.
Even when they came home, Jimmy continued to help, carrying the beach chairs back into the house.

—Quiero ayudar en todo lo que pueda—dijo a Mamá.
—Todo funciona mejor cuando nos ayudamos los unos a los otros.
"I want to help out as much as I can," he told Mom. "Everything works out better when we help each other."

Mamá sonrió.
—Bueno, el coche está vacío ahora, excepto una cosa.
Mom smiled. "Well, the car is empty now, except for one thing."

Mamá metió la mano dentro del coche y saco un paquete de galletas. —Me parece que alguien tiene que ayudar a comerse estas galletas antes de que se echen a perder.
Mom reached into the car and pulled out a packet of cookies. "I think someone needs to help eat these cookies before they go stale!"

Jimmy rio.
— ¡Sí, por favor! Ayudaré.

Jimmy laughed.
"Yes, please! I'll help."

www.ingramcontent.com/pod-product-compliance
Lightning Source LLC
Chambersburg PA
CBHW061145070526
44584CB00033B/4422